MICHEL DENISOT

ON PEUT RIRE DE TOUT

sauf en mangeant de la semoule

92, avenue de France
75013 Paris
Tel. : 01 44 16 09 00
Fax : 01 44 16 09 01
www.lisez.com
www.plon.fr

Dépôt légal : mars 2023
ISBN : 978-2-259-31268-4

Conception graphique et mise en page : Graph'M
Photograveur : Apex Graphic

MICHEL DENISOT

ON PEUT RIRE DE TOUT ¡

sauf en mangeant de la semoule

PLON

Se rendre compte que ça fait
10 minutes qu'on erre
sans but sur les réseaux sociaux.
Depuis 45 minutes.

Préface

En 2010, l'Américain Kevin Systrom et le Brésilien Michel « Mike » (Michmich) Krieger ont fondé Instagram.

Aujourd'hui propriété de Meta, l'application compte plus d'un milliard d'utilisateurs dans le monde. Étant l'un d'eux, j'ai voulu, avec ce livre, rendre hommage aux talents multiples, que je suis et qui me suivent, en sélectionnant diverses séquences envoyées directement par des « dealers » de haut vol.

Les réseaux sociaux sont un piège souvent délicieux, une drogue douce. On peut y voir de tout, éclater de rire, seul ou pas. Sauf, évidemment, en mangeant de la semoule, ou des petits pois, ou du riz, enfin bref pas la bouche pleine, mais à gorge déployée, comme disait Valéry Giscard d'Estaing.

Ne pas juger les gens en fonction de leurs amis. Regardez Judas, par exemple.

La Cène en visio.

Le bon sens berrichon.

Tout près de chez moi. Le Berry, terre de contraste et berceau de l'humour !

Le challenge de la Saint Valentin, c'est d'entrer dans un resto, choisir un couple très amoureux, et dire: "Je pensais que c'était sérieux entre nous !"

Plastic Bertrand.

C'est ce qui s'appelle être en beauté.

Le confinement n'a pas été dur pour tout le monde.

Famille recomposée.

Mais qu'est-ce qui a bien pu se passer ?

La vie parisienne.

Ça promet ! 😂 Contrepèterie matinale municipale.

On lui souhaite un prompt rétablissement.

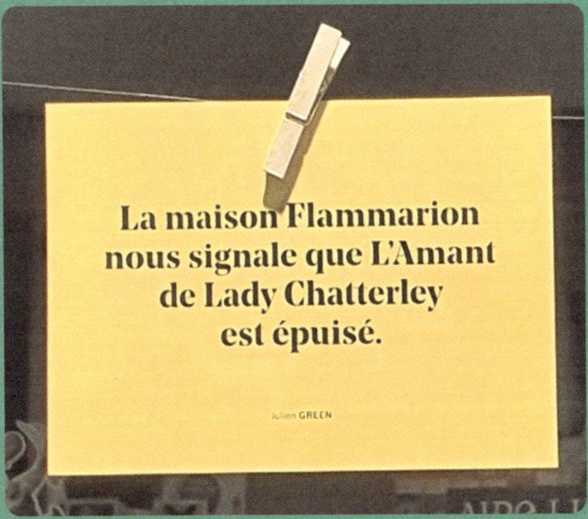

On s'est tous fait avoir.

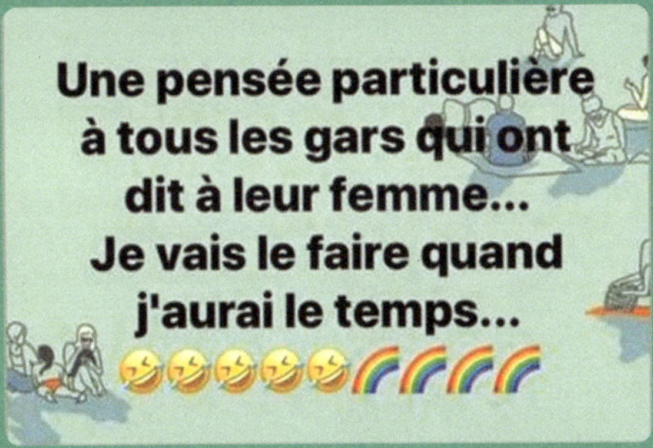

On ne parlait que du Covid
avant de ne parler que du plein.

Déformation sanitaire.

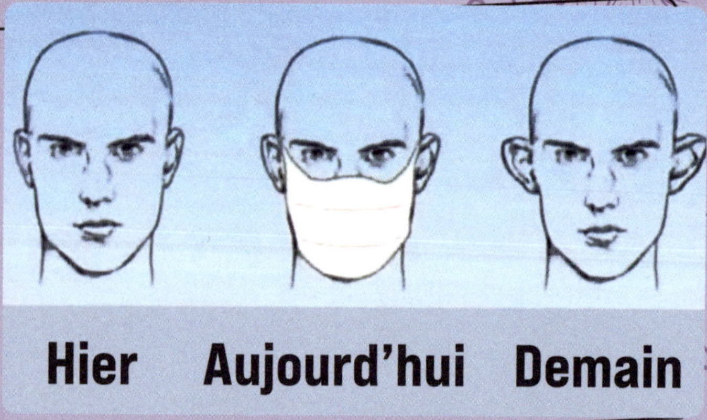

Annus horribilis.

Quelqu'un a peut-être déjà posé la question mais, le 11 mai, est-ce que Jean-Paul Rouvre ?

APPEL À TÉMOINS

Nous recherchons toutes personnes ayant eu un contact avec une bonne nouvelle en 2020

Votre témoignage est important

Je n'ai toujours pas les codes.

Hier y a eu une panne de Wifi. Les enfants sont sortis de leur chambre.
On a discuté.
Ils ont l'air sympa.

Les Experts TV.

Y'A TELLEMENT DE MÉDECINS SUR LES PLATEAUX TV QUE QUAND ON APPELLE LE 15, ON TOMBE SUR LE STANDARD DE BFM

Et pas que.

› Bretagne › Pays Malouin + Rubriques

Les clubs libertins face au Covid-19.
Carole, patronne de l'Émeraude :
« Il va falloir avoir les reins solides ».

15 164 709

C'est le pompon.

Derrick passe à table.

Le fondateur d'Ikea est mort. Il avait tout prévu.

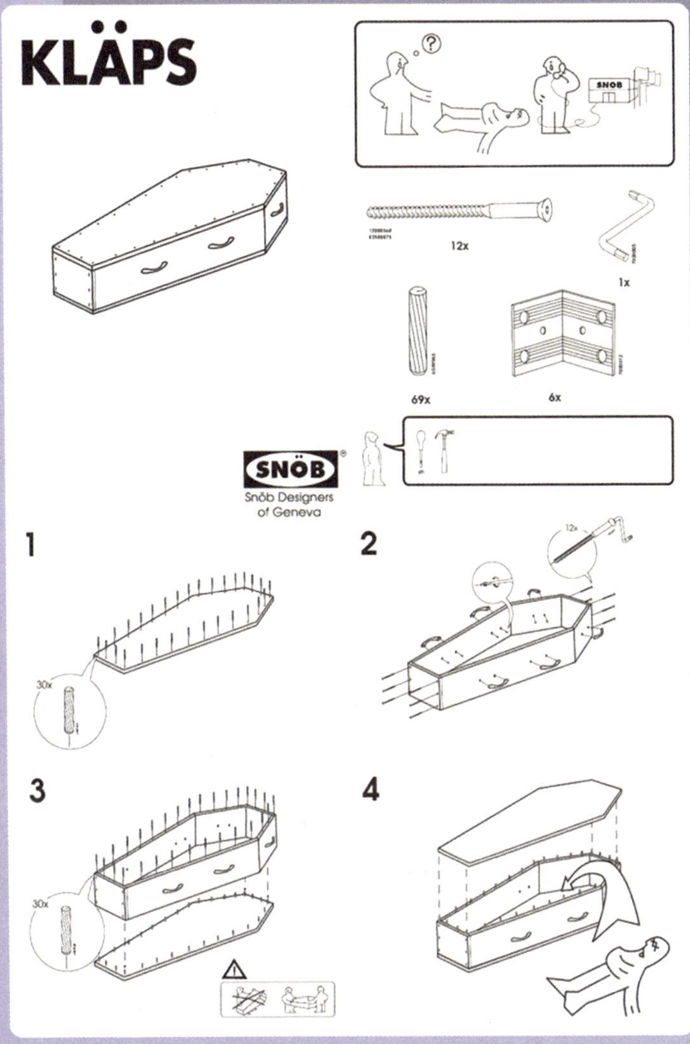

C'est ce qu'on appelle un fils à papa.
Pas besoin de test de paternité.

Qualis pater, talis filius.

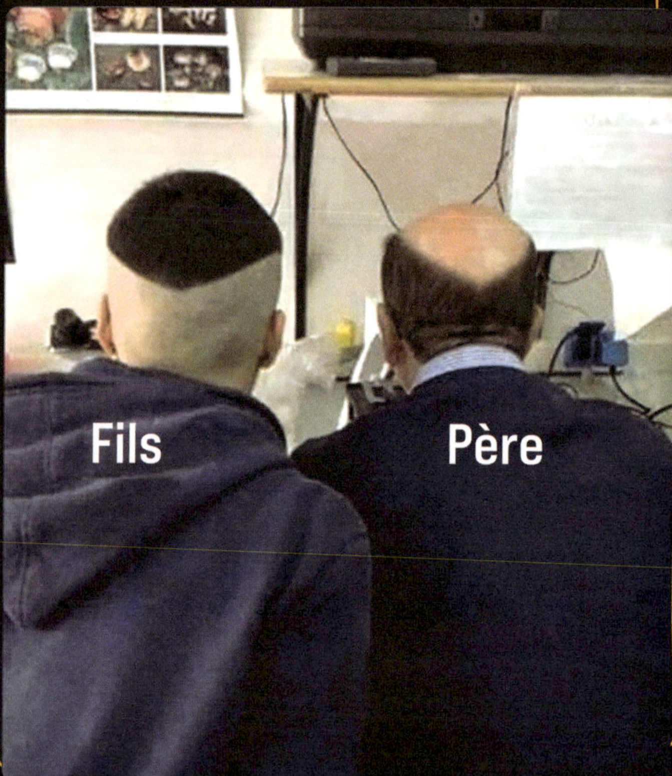

Liké par Carla Bruni !

J'ai dit à mon fils d'écrire sur les fiches de ses profs :
- Profession du père : inspecteur académique
- Profession de la mère : contrôleuse fiscale.

Source : @Petit_Fayot

Naissance d'un vegan.

Source : @ristorcelli1

Comme chaque année :
la carte de Vœu.

Toujours près de chez moi,
dans le 36, l'Indre, terre d'accueil.

Sans aucun doute.

Un phénomène. Il a bien vécu.

avec SUD OUEST

LEVER 07
COUCHER 20

LE SAINT DU JOUR

Richard. Né en Angleterre en 1197, mort en 1523, évêque de Chichester, il fut un prélat réformateur, combattant le népotisme.

D'autres ...

Blague à part.

Le premier avril, c'est le seul jour où les gens vérifient une info avant de la croire.

Source inconnue.

Titi et...

– J'ai ripé.
– Je vous croix.

Est-ce que vous buvez souvent?

☐ Oui

☐ Non

X

Est-ce un crime auditif ?

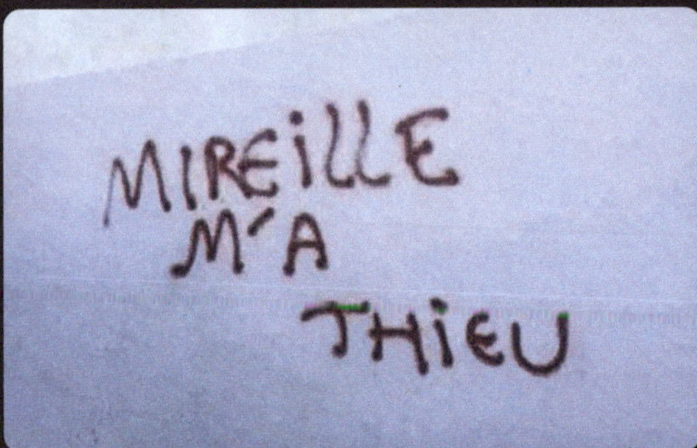

Source : @koolshenofficiel (Instagram)

Une invention qui a fait du bruit.

Croyez-vous
en la réincarnation ?

❑ Oui

❑ Non

☑ Miaou

Rare photo de Jeanne Calment jeune,
en compagnie de Michel Drucker.

Source : @JMDetournay

Charles l'a échappé belle. C'est au tour de William et Harry maintenant.

C'est l'histoire d'un viager qui a failli mal tourner.

Le mix ultime pour une longévité éternelle.

Source : @GuillaumeTC

Prêt pour un deuxième mandat (postal) !

Ce n'est pas beau de vieillir.

Contre le port de l'abat-jour dans l'espace public.

Source : @PBriday (Twitter)

Et ça se voit.

Source : @ifalas (Twitter)

Dans le panneau.

Tout le monde va bien. Enfin, je crois.

Elon Musk a tout pompé (son essence) !

Département de l'Indre (36).
Toujours près de chez moi !

Nougaro n'est même pas cité.

Attention à ne pas les confondre… Chiné sur 9GAG.

Le tiercé dans l'ordre.

Prudence est mère de sûreté.

J'ai demandé à mon médecin ce qu'il pensait du vaccin. Il m'a répondu : « Je ne sais pas, je ne suis pas journaliste. »

DJ CoinCoin.

Can(e)ular téléphonique.

Trump a vendu la mèche.

Source : Annette Müllender pour grenzecho.net

Faut-il aider les « sans-papiers » ?

Toujours, même au bout du rouleau.

L’agence de voyages l’a jouée fine !

Pour des vacances petit budget.

Source : voyagessncf.com

Station fraîcheur.

Paris Plages démarre fort. Et en avance !

Source : @CharlesBaudry (Instagram)

À l'ancienne. Made in Corse (banc vendu séparément).

Annonce chinée sur Le Bon Coin.

À VENDRE : 3 caméras de surveillance
anciens modèles
bonnes occasions
bas prix

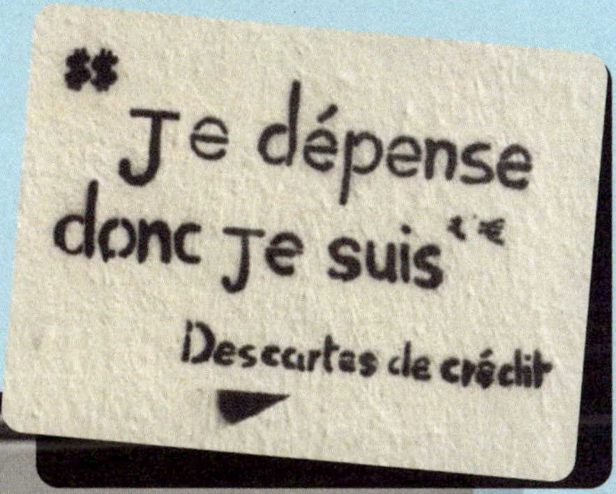

Il faut toujours relativiser.

« Fermons la fenêtre
et laissons les volets clos… »
Nicoletta.

Source : @fabrice_hugot__

Deux génies.

La différence entre "Danse avec les stars" et "Danse avec les loups" ? #LPJ #DALS

Quand ton chat se prend pour Thomas Pesquet.

Bien essayé.

Non, Madame, pour avoir des antidépresseurs, il faut avoir une ordonnance. Votre certificat de mariage et une photo de votre mari ne suffisent pas...

Attention, elle est imprévisible... (maintenant plus que jamais).

Purple Reine.

Le compte est bon.

Famille décomposée.

LA VOIX DU NORD

DENAIN

Il tue sa femme, sa sœur et sa cousine: bilan un mort

« Voiles sur les filles, barques sur le Nil. »
Cloclo revival par le président Macron et sa Claudette.

ABBA, le retour. Collector.

Attention, escadrille à l'horizon…

Heureusement que les méduses ne volent pas.

Le fait que la méduse ait survécu
plus de 650 millions d'années
alors qu'elle n'a pas de cerveau
est une bonne nouvelle pour les cons.

Coluche aurait adoré.

Si on mettait un point rouge sur la tête de tous les cons, le monde ressemblerait à un champ de coquelicots.#Audiart

CQFD JCVD.

Si tu téléphones à une voyante
et qu'elle ne décroche pas
avant que ça sonne, raccroche.
Jean-Claude Van Damme

Libre de droit. Adaptable à qui bon vous semble.

On peut faire mieux en se faisant un nom avec deux prénoms : Claude François, Thierry Henry...

Pas de bol. Deux prénoms font-ils un nom ?

L'amour est dans le prêt...

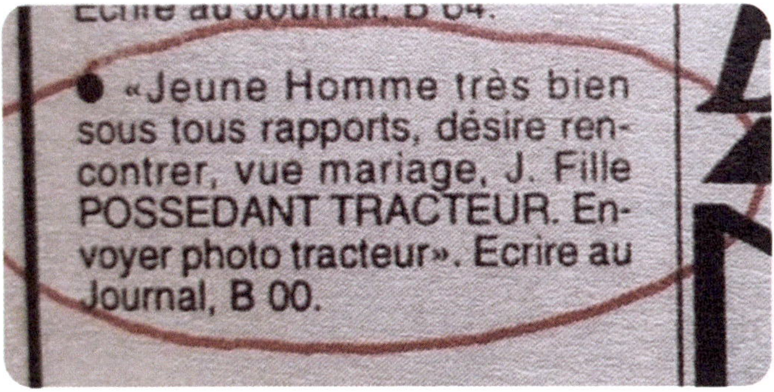

Ecrire au Journal, B 64.

• «Jeune Homme très bien sous tous rapports, désire rencontrer, vue mariage, J. Fille POSSEDANT TRACTEUR. Envoyer photo tracteur». Ecrire au Journal, B 00.

Ça semble sérieux.

BULLETIN D'ESPALION

Emploi

Recherchons Famille d'accueil pour Belle-mère du 15 au 31 août. Très cultivée, sait tout. Bonne ménagère, fait tout mieux que les autres. Cdd pouvant déboucher sur Cdi.
Tél. 05.65.[redacted]

Cherche Contrôleur Technique Auto

Graissa
née, ch
Tél. 06

St Ger
partie
de ba
Tél.

La femme est l'avenir de l'homme.
Wolinski, toujours pour sourire.

Vive le dessin et les femmes.

Coco, intemporelle.

Ex-Miss France et sa Dauphine
en route pour Châteauroux.

La montre Hublot
et le maître des horloges.

Le style Hollande, c'était mieux avant.

Ils viennent d'apprendre le score d'Hidalgo et de Pécresse…

Le lièvre du Marais contre la tortue du Béarn.

Source : Placide.

Tenant du titre de 1940 à 1945.
Leclerc et Juin en attaque.

Champion du monde !

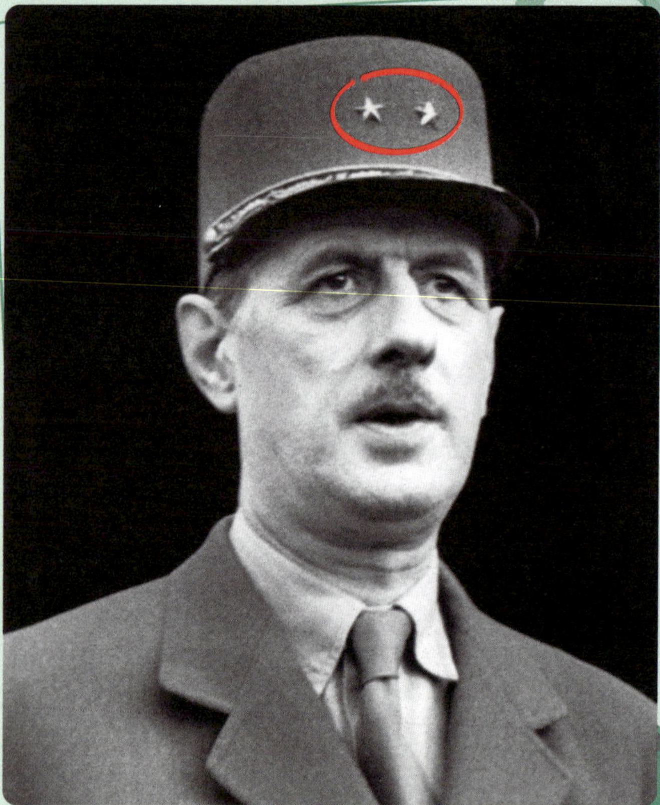

Il y a 60 ans, ma grand-mère me tricotait des pulls, me demandait d'éteindre les lumières et de rester moins longtemps sous la douche… Elle ne le savait pas, mais elle aurait pu être ministre !

Source : rigolotes.fr

Tenue de soirée.

La minute du jour.

Une minute de silence a été observée au Pôle Nord après le licenciement de Ségolène Royal...

Source : @ReconqueteCH (Twitter)

La 4L vient d'être ressuscitée par Renault, pour l'instant, c'est tout.

Georges Pompidou. Président de la République, mais deux nuances de gris.

Plus de risque de linge sale, mais n'évite pas le ballottage.

Moi je vote pour mon lave linge car il respecte les programmes.

Ça a changé, Levallois.

French touch. Vérifié sur place.

Qui l'eût cru ? Les apparences sont parfois trompeuses.
PS comme « post-scriptum ».

Une chaussure sur deux serait de gauche.

Je vous l'avais dit.

Mais je ne le dis qu'à vous.

Dans des circonstances que je tiendrai secrètes, une personne dont je tairai le nom m'a dit des choses que je ne peux pas répéter.

Le stagiaire de la BBC n'a pas été reconduit.

Elle n'avait pas le choix.

8ᴱ CIRCONSCRIPTION.

Monique Führer (FN) : « Je me suis droitisée »

Avec le premier adjoint de Mantes-la-Ville Laurent Morin.

En 2022, la SNCF a fêté ses 84 ans.
Sans les jours de grève, ça ne lui fait que 35.

Grève SNCF. Ça commence à se voir.

Source : @fabrice_hugot__

La destination des vacanciers peu convaincus !

Les voix du Seigneur captent mal...

Source : Charles Pasqua.

Rare image du nuage de Tchernobyl à la frontière française.

DUR À CROIRE
qu'on avait des
téléphones
fixés au mur
et qu'on
répondait
sans savoir
qui appelait.
ÉTONNANT QU'ON
AIT SURVÉCU !

Encore une histoire de noms d'oiseaux… Rendez-vous à Canary Bay (hou hou).

Dans les
il n'y a p

C'est pa
îles

Il n'y a pas,

îles Canaries,
as de canaris.

reil dans les
Vierges...

non plus, de canaris !

Adieu, poulet !

Boulangerie Lapoujade, à Toulouse.
Propose aussi le « Martine au brie ».

NOUVEAU SANDWICH « GARDE À VUE »
POULET/AVOCAT

L'affaire est dans le sac
pour passer une bonne journée. Avec modération.

Pris au mot.

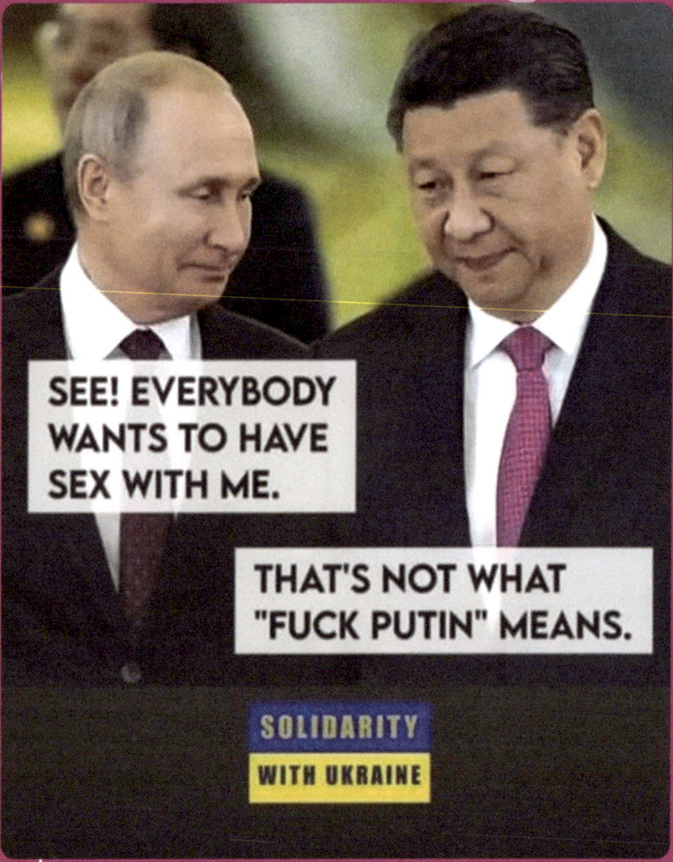
SEE! EVERYBODY WANTS TO HAVE SEX WITH ME.
THAT'S NOT WHAT "FUCK PUTIN" MEANS.
SOLIDARITY
WITH UKRAINE

– VOUS AVEZ DES LIVRES SUR LA PARANOÏA ?

– OUI, JUSTE DERRIÈRE VOUS.

– COMME PAR HASARD !!!

Source : @koolshenofficiel (Instagram)

En finale, la France a fini par se faire « maté ».

Toujours à consommer avec modération. Bien sûr.

Une coupe du monde sans bière  *et on s'étonne que les Allemands et les Belges rentrent déjà…*

Courage David.

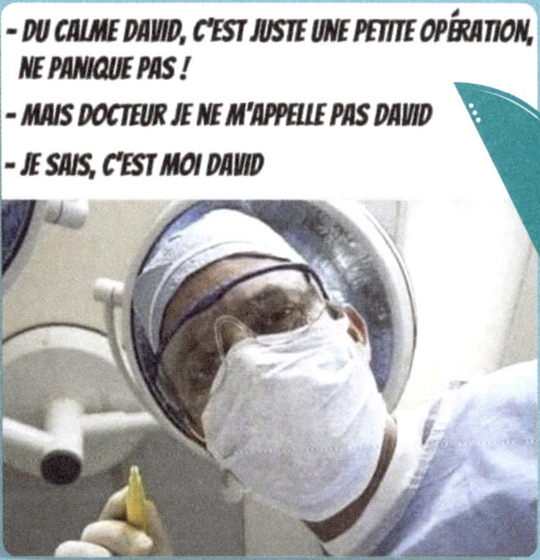

Plus jamais je me fais vacciner chez le véto ! Nom d'un chien.

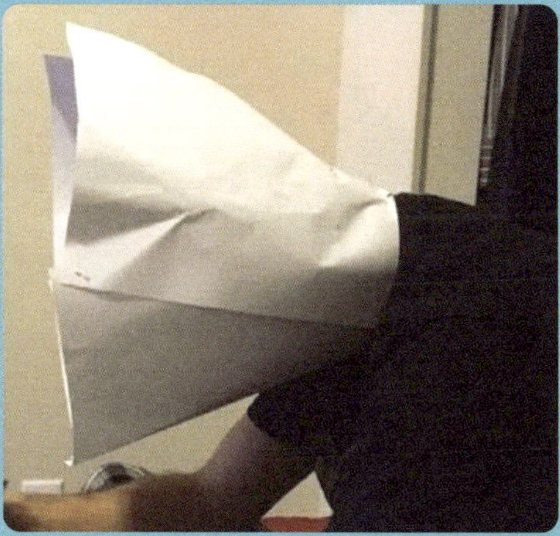

L'essayer, c'est l'adopter.

C'est en voyant un moustique se poser sur ses testicules qu'on réalise qu'on ne peut pas régler tous les problèmes

~ Proverbe chinois ~

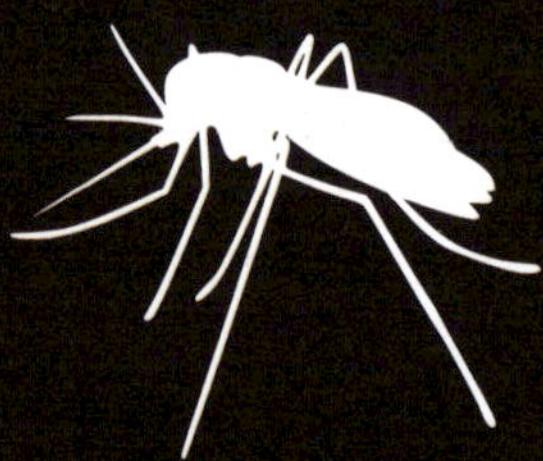

Pour détendre l'atmosphère…
Souvenir des Oscars 2022.

Source : @jeromekerviel (Instagram)

C'est de bonne guerre,
les syndicalistes appellent bien une grève une « journée d'action ».

On rigole un peu...

Vous êtes actuellement deux, selon la police.

Il faut toujours voir le verre à moitié plein.

Élections législatives

Pour Bruno Ricard (Nupes) « l'eau est une priorité »

Douze candidats sont en lice pour les élections législatives 2022, dans la circonscription de Dinan. Bruno Ricard, candidat de la Nouvelle union populaire écologique et sociale (Nupes), livre ses priorités.

Bruno Ricard (EELV), maire de Lanvallay et vice-président de Dinan Agglomération, est le candidat de la Nupes aux élections législatives, dans la deuxième circonscription des Côtes-d'Armor. Le Télégramme/Valérie Le Mongne

Quelle est votre position sur l'avenir de l'hôpital de Dinan ?

Le premier problème de l'accès aux soins, ce sont les déserts médicaux. Il faut donc réglementer l'installation des médecins et revaloriser leur revenu, y compris à l'hôpital, ce qui mettra fin au surcoût de l'intérim. Alors, on comparera des scénarios au vu des besoins des habitants. Le projet du gouvernement prévoit des soins décentrés à Saint-Malo, soit un endettement colossal qui pèserait sur les soins futurs, avec artificialisation de 15 ha, dans un secteur qui manque déjà d'eau. Ou une alternative, élaborée avec les professionnels du public et du privé, élus et habitants, pour préserver un véritable hôpital à Dinan. La dynamique de notre territoire doit aussi permettre qu'on puisse y naître :

résoudre l'équation. Avec la hausse du tarif de l'électricité, EDF est logiquement attendu pour contribuer davantage à la gestion des sédiments.

Le financement public doit lui aussi être pérenne, avec au premier rang l'État, car l'estuaire est de son ressort et il est propriétaire du barrage. Hélas, le gouvernement ne semble pas avoir compris l'ampleur de l'enjeu.

Trois actions concrètes en faveur du pouvoir d'achat ?

Parlons plutôt de pouvoir de vivre.

orité forte. Président d'Ehpad, je suis aussi attaché à la loi Autonomie, abandonnée par le gouvernement. Localement, le dossier « hôpital » est urgent, sinon, un projet inquiétant sera entériné avant qu'on ait le temps de dire « ouf ».

Si votre nom devait être donné à une loi, quelle serait-elle ?

Une loi « Ricard » sur l'eau ? Sérieusement, je ferais des propositions en vue de concilier eau potable, eau pour l'agriculture et les autres activités économiques, et eau pour les milieux naturels. Premier enjeu : économiser l'eau ! En particulier

Se rafraîchir les idées.

Il paraît que...

PAR CE TEMPS DE CANICULE, N'HÉSITEZ PAS À M'INVITER. IL PARAÎT QUE, QUAND J'ENTRE QUELQUE PART, ÇA JETTE UN FROID.

Sans modération, cette fois. Souvenirs de l'été 2022.

À tous ceux qui ont l'habitude de brasser de l'air, c'est le moment.

Tout est une question de doigté.

J'ai cru qu'il s'agissait des zones érogènes.

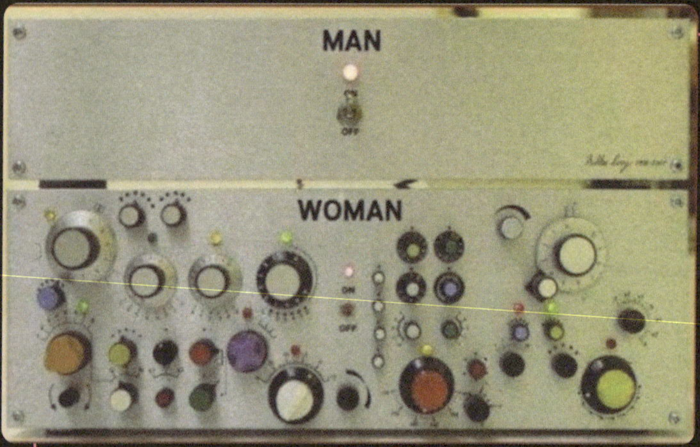

Prolongations et tirs au but compris.

Tout finit par se ressembler.

Ça devait arriver !

CORONAVIRUS

Il refuse de serrer la main de son collègue…

Un trapéziste se tue !

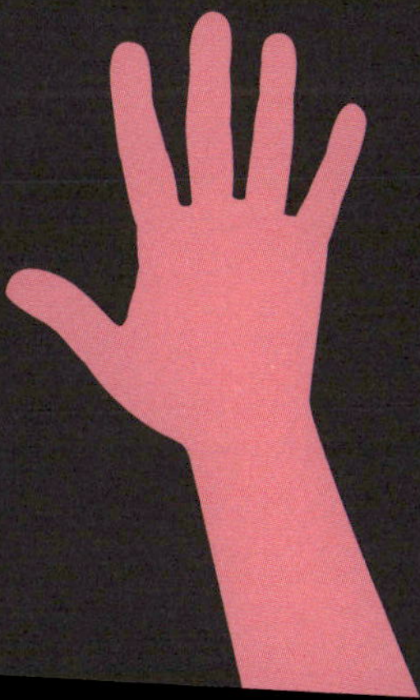

Et qu'on ne me parle plus de Dry January.

Valable aussi en Bretagne, et chez vous ?

Vanité des vanités…

Une demande en grande pompe.

Vous ne voulez pas un whisky d'abord ?

Roger croque Odile.

Sacré Roger !

Ambiance (décontractée) de campagne.

Tweet

Michel Denisot
@michel_denisot

Ne Melenchon pas les torchons et les soviets.

10:10 AM - 21 oct. 2018 - Twitter for iPhone

925 Retweets **44** Tweets cité **4 836** J'aime

theo_robache
« LES SEULS CONCOURS QUE J'AI RÉUSSI SONT LES CONCOURS DE CIRCONSTANCES »
@MDENISOT
@BPIFRANCE
EN AVANT

L'équipe de com a mouillé le maillot.

Campagne pour le département du Cher.
Eh oui. Vive le Berry.

Le lieu de pèlerinage de tous les footballeurs.
C'est aussi mon village natal.

Problèmes épineux.

Sur la pointe des épines.

Cactus rentrant plus tard que prévu 😬

Faire le clown n'est pas toujours une bonne idée.

Source : Roger Mofrey

La personne a bien sûr plié le cône…

Michel Denisot ✓
@michel_Denisot

Les "influenceurs" ne parlent qu'aux influençables.

9:59 · 29 févr. 20 · Twitter for iPad

Un peu de poésie.

Michel Polenareff.

Chacun a sa solution contre les grosses chaleurs. Liké par Philippe Lacheau.

Attention aux faux-semblants.

Une blague signée par un certain Octave.

Julien Doré est monté d'un ton. Maintenant c'est Julien Rémi.

Inventaire à la Prévert.

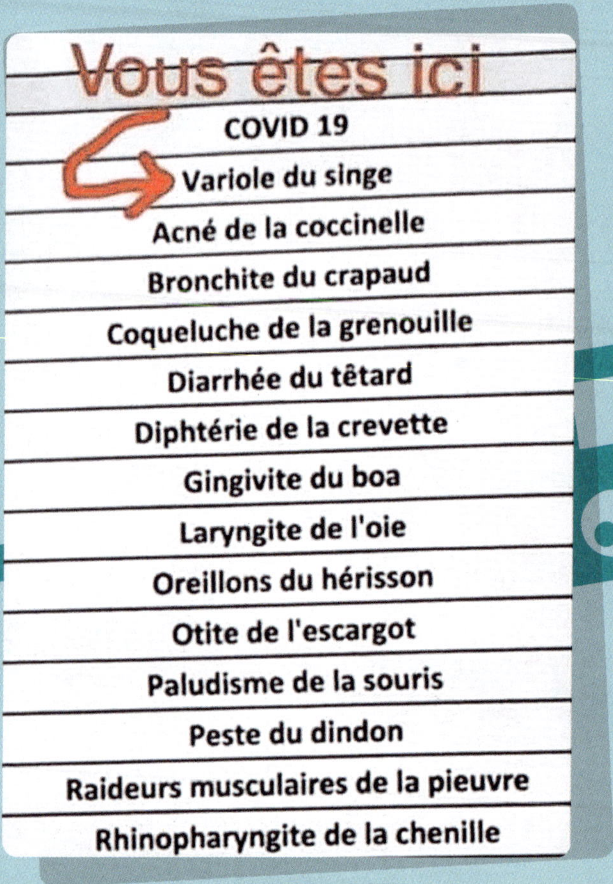

Premier test PCR de l'histoire : Châteauroux, 1447. Négatif.

Positif.

Si ça se trouve, vous avez toujours été intelligent mais asymptomatique.

Un gilet jaune au travail.

Rare image des ouvriers de Stonehenge en train de reculer les pierres d'une heure. #ChangementdHeure #NousSachons

Source : @ComplotsFaciles (Twitter)

Une information qui ne manque pas de sel
alors que la saucisse de Strasbourg.

On nous MENT !!!

Le sel de table n'est pas fait à partir de tables.

Salut les artistes !

C'est ce qui s'appelle être sapé très serré.

Source : @marclavoineofficiel (Instagram)

Quand tu as deux passions dans la vie.

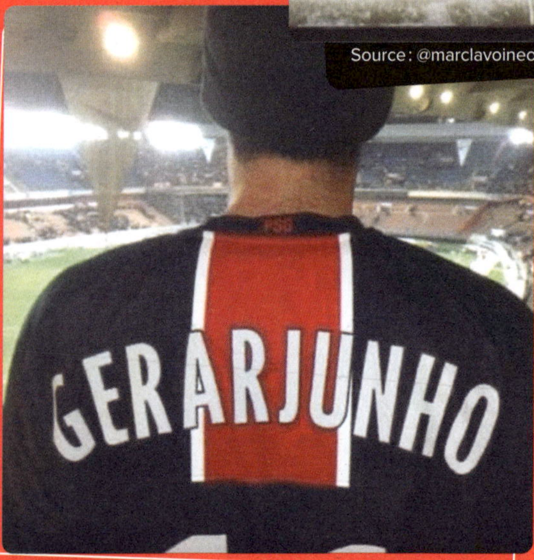

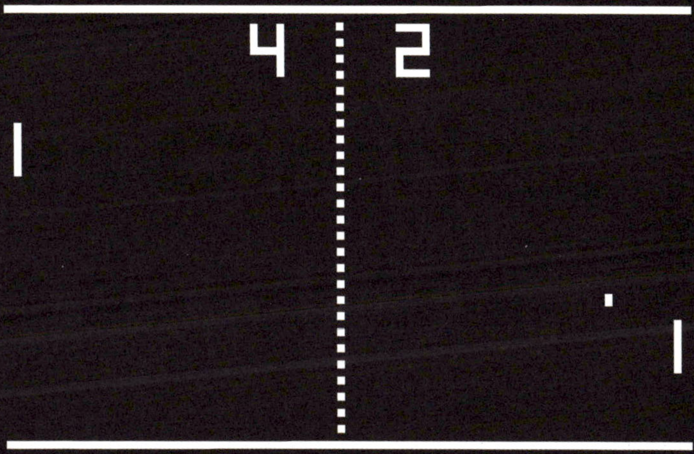

Djokovic en télétravail

Immortelle.

Une blague de Jean Racine Carrée.

« J'ai dormi comme une souche ! »
Jean Racine

QR code sous Louis XIV.

C'était notre guerre à nous.

Quand on y repense, c'était un peu ça.

ATTESTATION DE DÉPLACEMENT DÉROGATOIRE

En application de l'article 3 du décret du 23 mars 2020 prescrivant les mesures générales nécessaires pour faire face à l'épidémie de Covid 19 dans le cadre de l'état d'urgence sanitaire

☐ **Je sors, bisous !**

Signature

Plus besoin de lunettes.

ON S'EN FOUT D'AFFLELOU !

Un divorce sur quatre démarre chez Ikea, selon les statistiques.

C'est en suédois, évidemment.

Il manque les épingles numéro 4413 et 5002.

Grande nostalgie.

Peut-on parler d'un conseil d'expert ?

À un moment donné, il faut lâcher prise.

Claude François

La fameuse 106 Cabrel.

Copains d'avant.

Élisabeth II – Liz Truss :
le choc des extrêmes. Historique.

Ce fut bref mais intense.

Professeur Bang
@ProfesseurBang

Saluons l'exeptionelle longévité de Liz Truss, qui a quand même connu deux monarques

16:11 PM - 20/10/2022 - Twitter for iPhone

Michel Denisot
@michel_denisot

Il y a parfois des gens ingrats et des ingrats doubles.

1:16 PM - 8 nov. 2022 - Twitter for iPhone

13 Retweets **4 152** J'aime

On ne s'en lasse pas. #PurpleRain.

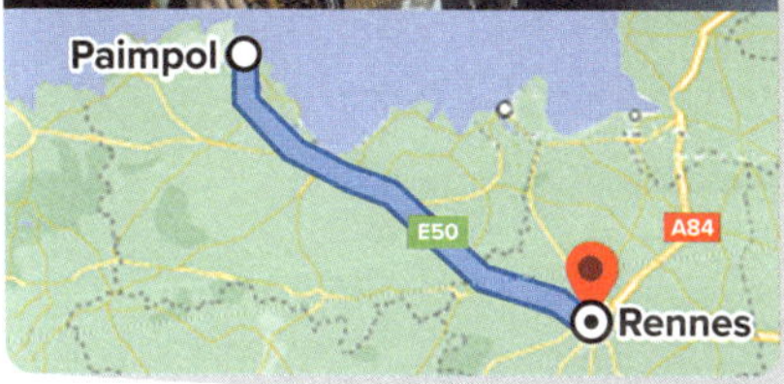

FAST & FURIOUS 10

Enveloppé, c'est pesé.

Tout est une question de confiance en soi.

J'ai perdu 10 kilos

Mais comment t'as fait !?

Je mens

Source : @_Zake

Rester écoresponsable quelle que soit la situation.

Ça y est, mon salaire est hybride, la moitié passe en essence et l'autre moitié en électricité.

Immuable et écolo.

Chaque année, dès la fin novembre...

Fonctionne aussi avec Sardou et Début de soirée.

– Chéri faut que ça s'arrête, j'en peux plus de tes références à des chansons débiles, je le vis mal, j'en dors plus, j'ai plus d'appétit

– Qu'un barracuda ?

Source : @ClaireDutronc (Twitter)

Ça sent le sapin !

J'ai retrouvé le coupable.

Ce que je déteste
par-dessus tout, ce sont
les gens qui te mettent
une chanson dans
la tête de bon matin.
Ce rythme qui
t'entraîne jusqu'au
fond de la nuit
et qui réveille en toi
le tourbillon d'un vent
de folie.

Attention à la longueur du fil.

Comment on faisait avant le smartphone ?
On se débrouillait.

Un homme entre dans une bibliothèque
et demande à la préposée :
— Madame, pouvez-vous m'aider
à chercher un livre ?
— Certainement, Monsieur, lequel ?
— L'Homme, le sexe fort,
écrit par Émile Girard.
— Les livres de science-fiction
sont au sous-sol, Monsieur.

À ne pas lire au volant pour autant.

Ça fait toujours du bien de relire ses classiques.

Certains ouvrages méritent d'être relus pour être redécouverts. À ce titre, je recommande aux gens l'émouvant Code de la route.

S'il fallait choisir.

Source : @koolshenofficiel (Instagram)

Comment on bloquait les gens dans les années 1980.

Gare !

Humeur ferroviaire.

Michel Denisot
@michel_denisot

Quand j'étais président du @PSG_inside (1991-98) avec @rai10oficial et @patriceloko on allait parfois bon train.

Je crois que je l'ai retrouvé.

La bonne excuse.

« TU ES POUSSIÈRE ET TU RETOURNERAS POUSSIÈRE. » VOILÀ POURQUOI JE NE FAIS PAS LA POUSSIÈRE. ÇA POURRAIT ÊTRE QUELQU'UN QUE JE CONNAIS.

Source : @les_copines_insta

Merci Maïté.

Conseil culinaire.

« SI ÇA TAPE CONTRE LA VITRE, ALORS C'EST PAS ENCORE CUIT. »

Une analyse tout en finesse.

Comment tu fais pour dire autant de conneries en une journée ? 08:30

Je me lève tôt ! 08:31

Fonctionne aussi avec une tranche de chorizo.

On commence à connaître la combine.

Bien essayé, NASA

« Ça fait toujours bien
une citation blanche
sur fond noir
avec le nom de
quelqu'un dessous. »

Quelqu'un

Quoi qu'il en coûte.

Économies d'énergie garanties.

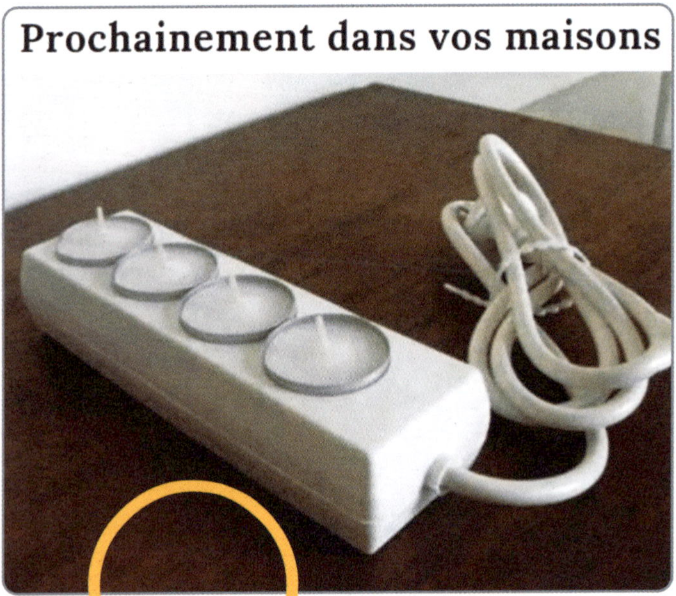

On y est.

D'abord, on arrive à faire rouler tous ces cons en voiture électrique... Et après, on double le prix de l'électricité...

J'entends bien.

En avant-première,
la nouvelle monnaie anglaise
à l'effigie du roi Charles III.

Source : @jeromekerviel (Instagram)

De l'importance de l'accentuation.

— De toute façon, l'accent circonflexe ne sert à rien.

— T'es sur ?

— Une chaise, pourquoi ?

Source : @unanimrecrutement

Fonctionne également au Pays basque.

En Alsace, ils te donnent les codes WiFi
avant même que tu n'arrives dans la ville.

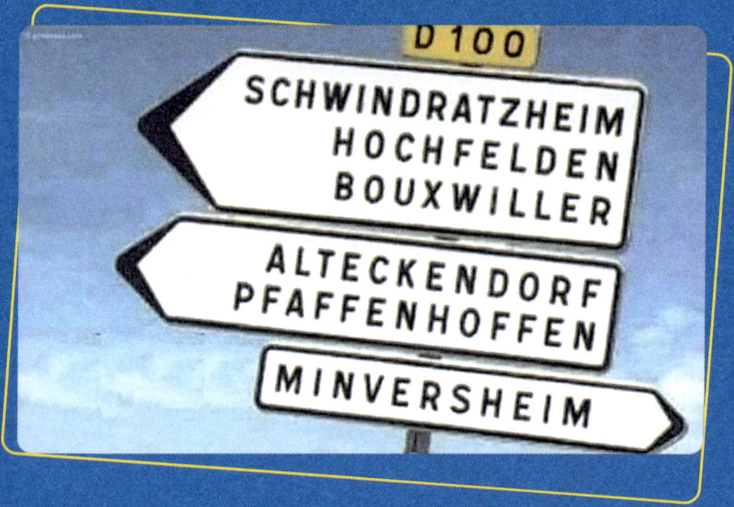

On attend la suite.

Sources sûres.

STATISTIQUES

La durée moyenne d'un appel téléphonique :

De Garçon à Garçon : 00:00:59
De Garçon à Maman : 00:00:50
De Garçon à Papa : 00:00:30
De Garçon à Fille : 01:23:59
De Fille à Fille : 05:29:59
De Mari à Femme : 00:00:53
De Maman à Fille mariée : 10:50:58
De Femme à Mari : 14 appels manqués

Source : @jeromekerviel (Instagram)

Visite au musée : trois imbéciles ont oublié leur téléphone à la maison. Vérifiez !

Indémodable.

Quand est-ce que c'est parti en couille ?

Réflexion entre la poire et le dessert.

J'ME RAPPELLE PLUS : L'IPHONE, ON LE MET À DROITE OU À GAUCHE DE L'ASSIETTE ?

La victoire est parfois tirée par les cheveux.

Ce qui n'empêche pas quelques-uns d'être auréolés de gloire.

Tweet

Michel Denisot
@michel_denisot

Certains joueurs de foot sont coiffés comme les moines que l'on voit sur les boîtes de camembert.

9:47 AM - 18 sept. 2022 - Twitter for iPhone

21 Retweets **6** Tweets cité **382** J'aime

La faim de l'abondance #Macron.

Abondance (fromage)

fromage français

Pour les articles homonymes, voir Abondance.

Abondance

Une intrigue digne des *Soprano*…

Je viens d'apprendre que la chanteuse Pink était la fille de Barry White et Axelle Red.

Secret médical.

Si ça se trouve, les vendeurs d'Ikea sont en fait d'anciens clients qui n'ont jamais trouvé la sortie.

Ça devait arriver... Sûrement un homme, ou un couple en danger.

Salut, je viens de trouver la sortie chez IKEA. C'est quoi cette histoire de virus ?

Source : @jeromekerviel (Instagram)

Une fois que vous l'avez, elle est bonne.

Je suis pareil.

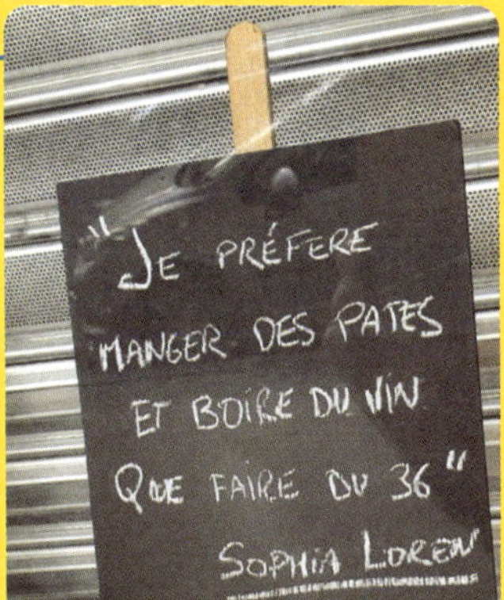

Sur *La Calypso*, il pouvait arriver que le thon monte…

Et pourtant, je n'ai pas le pied marin.

« La télévision est faite pour ceux qui, n'ayant rien à dire, tiennent absolument à le faire savoir. »

Pierre Dac

VOUS QUI PONCTUEZ VOS BLAGUES PAR « OK, JE SORS », VOUS VOULEZ PAS RESTER DEHORS DÈS LE DÉPART PLUTÔT ?

C'est pas la taille qui compte.

La fameuse vache limousine.

Il n'a pas l'air en forme.

Source : @PitchouTacou

Je ne vois que ça comme explication.

C'est ce qu'on appelle une remontada surprise.

Source : @lordnaw (Instagram)

En politique, on finit toujours sur liste d'attente.

Valable à chaque renouvellement ministériel.

« Vous n'avez pas de nouveau message. »

Blague périlleuse : n'hésitez pas à solliciter l'avis d'un professionnel.

— Il y a trois choses que j'aime chez toi.
— Lesquelles ?
— Ton menton.

Ça va faire du foin !

Michel Polnareff
repart
en tournée

Actualité brûlante.

Le jeune pyromane a été placé dans un foyer

Uber Eats.

Elle ne manque pas de piquant, celle-ci.

Source : @mamouz (Instagram)

Ça commence à se voir, les retards à la SNCF…

Source : @Flootoutcourt (Twitter).

Pas besoin d'aller chercher midi à quatorze heures.

CATHERINE DE 12:06

One more time.

Décasqué.

Xavier Dupont de Ligonnès quitte Daft Punk

Published 2 heures ago on 23 février 2021
By **K.Nular**

Source : nordpress.be

J'en connais un qui a débordé de son coloriage.

Source : nordpress.be

Croquant croustillant.

Au menu de ce jour !
Saucisse accompagnée de légumes oubliés
Et pain perdu !

Bref (avec un f).

Panique au paradis.

Blague en cascade.

J'avais une blague sur Niagara, mais je dois m'en aller…

Elle est facile. Incontournable.

Entretien d'embauche SNCF:
— Désolé, je suis en retard.
— Vous êtes embauché!

Ça m'a quand même coûté 25 euros.

Je suis allé chez mon médecin.
Je crois qu'il m'a prescrit
des vacances à la mer!

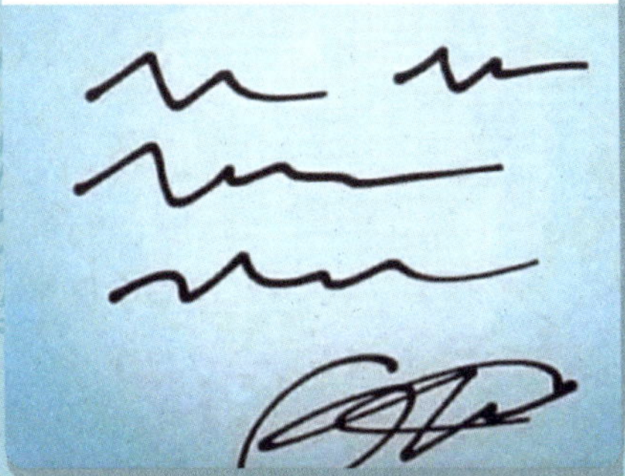

N'oubliez pas les paroles.

Indice : c'est l'amour à la plage.

Une fève, oui, mais pour deux rois.

MAIS ELLE M'A MIS LA FÈÈÈVE

Le groupe de Liverpoule. All you need is l'œuf.

Blague validée par Nicola Sirkis.

Pointure.

Il chausse du combien ?

Voici comment une chaussure peut ruiner une photo de famille

Il risque d'attendre encore longtemps.

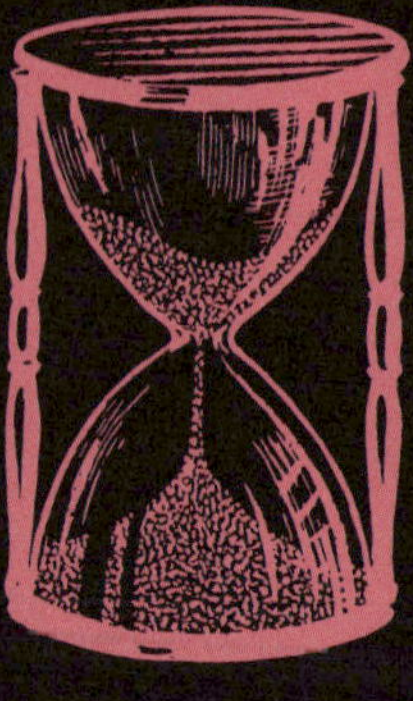

Avec des frites et de la sauce samouraï, chef.

Ces ânes peints...

Un air de famille.

Toute ressemblance serait fortuite.

Et toi, c'est comment ?

Super !

En col roulé, bien sûr.

Je n'ai pas l'habitude de me vanter d'aller dans des endroits de luxe, mais là je viens juste de quitter la station essence…

Maintenant qu'il n'y a plus d'essence ni de gasoil (avant l'explosion de l'inflation).

Plat 48.

Au moins, ça ne tache pas.

Quand tu sors du restau chinois alors que tu t'étais endormie dans les chips aux crevettes.

Source : @best_humournoir (Instagram)

Pas de doute, la langue française s'enrichit.

« Vieux » français	2022
Ainsi	Du coup
Donc	Du coup
Dès lors	Du coup
Tout à coup	Du coup
En conclusion	Du coup
C'est pourquoi	Du coup
Par conséquent	Du coup
Par suite	Du coup
Subséquemment	Du coup
Désormais	Du coup
Aussi	Du coup
Après	Du coup
Soudainement	Du coup
Si je comprends bien	Du coup
Finalement	Du coup

Et pas que.

Michel Denisot
@michel_denisot

Cet hiver, parlez à mots couverts.

10:29 AM - 8 oct. 2022 - Twitter for iPhone

16 Retweets **258** J'aime

Où habites-tu ?

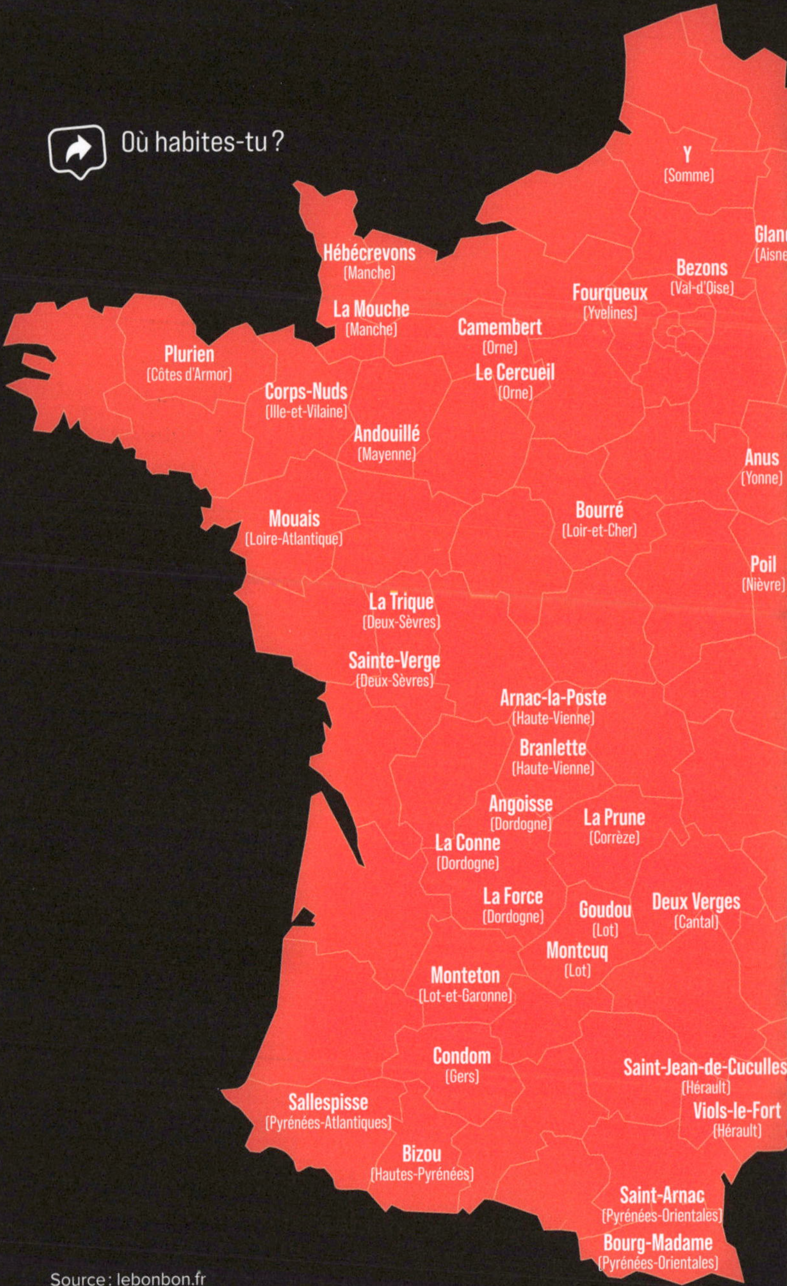

Source : lebonbon.fr

Glaire
(Ardennes)
Bitche
(Moselle)
Froidcul
(Moselle)
Trécon
(Marne)
Bitche
(Moselle)
La Baffe
(Vosges)
Longcochon
(Jura)
Crotenay
(Jura)
Le Fion
(Haute-Savoie)
La Ziza
(Haute-Savoie)
Chatte
(Isère)
Glandage
(Drôme)
Bidon
rdèche)
Le Saix
(Hautes-Alpes)
Duranus
(Alpes-Maritimes)

Remerciements

Merci à mes followers et abonnés
(236 000 sur Instagram et 482 789 sur Twitter)

Merci à mes « dealers » de blagues :

- Jérôme Kerviel, qui œuvre pour le bien de la société en général ;
- Mamouz, qui envoie du haut de gamme (création de vidéo). All you need is LOL ;
- Sandrine Biancalani, 24 h sur 24 en marge d'une démarche humanitaire exceptionnelle ;
- JoeyStarr, à la hauteur du nom ;
- Mouloud Achour, qui m'a montré comment ça marche ;
- La famille Dutronc (Jacques, Thomas et Claire) ;
- Martine, Marie, Louise et toute ma famille, qui supportent mes évasions Instagram.

Et sans oublier :

@pourtoujoursparfums
@1966_mimmo
@mirga_fromagerie
@annelaure.sugier
@pascalduchen_officiel
@laurentbateau
@mathilde.rousseau
@pascalbarniet
@phspanghero
@ilaris-by-cla
@julie.ways
@lyndamarien_23
@nathaliebrg
@gillesportedop
@piapiastores
@georgiabedel
@romsberna (Géronimo)
@alexandre_dubrigny
@aliceulry
@dimitri_rassam
@jeanmichelmoutier
@flavieflamentoff
@dalle.beatrice
@opheliemeunier
@a.prost (Alain Prost)
@louisebourgoin_
@jeanlouis_burgat
@raphmezrahi
@daphnegestinadam
@omarsyofficial
@cyril_lignac
@naim.lamine
@laurie.delhostal
@gerardjugnot.off
@valeryzeitounofficiel
@cecile.simeone
@christineandthequeens
@djsnake
@eloisevalli
@albane.cleret
@francois_ravard
@kimpembe3
@albanivanov
@nicolasirkis
@michaelyoun
@juliettarmanet
@carlabruniofficial
@hakimjemili
@adesalain
@smabouabdellah
@antoinedupont9
@emmanuelleseigner
@adelegalloy
@mokobe113
@asiaargento
@thomas_ngijol
@laura_smet_
@virginiemouzat
@dianesegard
@madame_connasse_off
@le_gorafi
@sokothecat
@olivier_rousteing
@rai10oficial
@edouardbaer
@dominique_farrugia
@darius_rochebin
@sophiebenzo
@sachanoko

Crédits iconographiques

@ristorcelli1
23

@Petit_Fayot
23

@koolshenofficiel
28, 77, 125

@JMDetournay
29

Rigolages
30

@GuillaumeTC
31

@PBriday
33

@ifalas
33

Annette Müllender
39

@CharlesBaudry
43

iStockphoto
44

@fabrice_hugot__
46, 68

Bestimage
48-49, 59 (haut)

AFP
51, 106

Elsa Wolinski (@wolinskiki)
56

Sipa Press
58

Placide
59

Bridgeman Images
60, 101, 115

@ReconqueteCH
63

Paris Match photos
63

rigolotes.fr
65

Roger Mofrey
96

@ComplotsFaciles
102

@marclavoineofficiel
104

Marc Riboud
113

@_Zake
116

@ClaireDutronc
119

@les_copines_insta
127

@jeromekerviel
81, 134, 138, 146

@PitchouTacou
150

Getty Images
151

@lordnaw
151

@mamouz
154

@Flootoutcourt
154

nordpress.be
156

Toutes les illustrations proviennent de pixabay.com

Achevé d'imprimer en Espagne par Egedsa
Numéro d'édition P31268-01